가볍고, 경쾌하게

시산맥 기획시선　096

가볍고, 경쾌하게

시산맥 기획시선 096

초판 1쇄 발행 | 2023년 04월 08일

지은이　정하선
펴낸이　문정영
펴낸곳　시산맥사
편집주간　김필영
편집위원　신정민 최연수
등록번호　제300-2013-12호
등록일자　2009년 4월 15일
주소　03131 서울특별시 종로구 율곡로 6길 36.
　　　월드오피스텔 1102호
전화　02-764-8722, 010-8894-8722
전자우편　poemmtss@naver.com
시산맥카페　http://cafe.daum.net/poemmtss

ISBN 979-11-6243-362-1(03810)

값 10,000원

* 이 책은 전부 또는 일부 내용을 재사용하려면 반드시 저작권자와 시산맥사의 동의를 받아야 합니다.
* 이 책은 교보문고와 연계하여 전자북으로 발간되었습니다.
* 본문 페이지에서 한 연이 첫 번째 행에서 시작될 때에는 〈 표기를 합니다.
* 저자의 의도에 따라 작품의 보조 동사와 합성 명사는 띄어쓰기가 달라질 수 있습니다.

빛 (정하선 2017)

가볍고, 경쾌하게

정하선 시집

■ 차 례

1부

잉어 세 마리	18
더덕, 세 개	20
대머리 무덤	22
어록漁錄	24
우장	26
옷 장사	29
그러십니까	30
실가리 된장국	31
여우 거시기	32
삐삐 문구점의 고래밥	34
지금, 누가 우산을 같이 쓰는가	36
해감	37
똥물	40
방음벽	42
알약	43
시소를 보다가	44
개밥바라기 별	46
카톡 선생님 댁 벽에 걸린 수채화	47

2부

소리의 강　　　　　　　　　50
벽에 걸린 옷　　　　　　　52
퇴근　　　　　　　　　　　54
마른 수수깡만 있던 밭　　　56
두 발 달린 식탁　　　　　　58
아내의 브래지어　　　　　　59
공항행 열차　　　　　　　　60
염도　　　　　　　　　　　62
고구마 수확　　　　　　　　63
등　　　　　　　　　　　　64
작은 엄씨 지사상을 차리며　67
내외간　　　　　　　　　　68
비망록　　　　　　　　　　69
부엌과 안방　　　　　　　　70
아내의 핸드폰　　　　　　　71
끼니때　　　　　　　　　　72
허리디스크　　　　　　　　73
바위 지느러미　　　　　　　74

3부

비누	78
쉼터	79
호미	80
수족관	81
오수역	82
다람쥐 엄마	84
당신과 나	86
아프리카 초원의 호남고속도로	88
술	89
꽃과 소	90
배꽃	92
파삭, 오후 3시가 깨졌어요	93
전쟁	94
드론이 부러운 비행기의 항변	95
올해, 들깨 농사는요	96
벌집	98

4부

인덕션	100
반월상 연골	102
발바닥 마을	103
소, 소나무	104
맞 잡는 여자	106
장미 정육식당 4호점	108
상여를 본 아침	110
쥐	111
눈동자와 눈동자	112
목화	113
개두	116
바위	118
돌미역	120
코골이	122

5부

곰보배추	124
장독대	125
마스크	126
노루귀	127
봄 산을 봄	128
아이가 그린 집	129
흐느낌	130
사랑	131
쥐똥나무 되지 않으려	132
등 목욕	133
함박눈	134
숲으로 가는 요양병원	135
귀향	136
잡초 무덤	137
산정호수	138
폐가	139
하구에서 주어 든 수석	140
삼례역	141
밤송이	142

아버지의 흰 고무신	143
달맞이꽃 기름	144
나팔꽃	145

1부

잉어 세 마리
- 동문수학

벼루의 먹물 속에서 잉어 세 마리가
부화를 하였다
비늘을 서로 비비며
승천을 꿈꾸고
병풍의 폭포를 뛰어올랐지만
쏟아지는 물의 힘은 너무나 강했다
사력을 다해 뛰어오르기를 수십 번
한 마리는 기진맥진하여 흐르는
물살에 휩쓸려가 버리고
한 마리는 정면 돌파를 포기하고
가장자리의 물을 타고 기어코 올라갔지만
한 마리는 지느러미를 접고
냇고랑과 논 다랑이에 흘러들어
피라미 붕어와 함께 물풀을 뜯어 먹다가도
가끔 자신의 수염을 쓰다듬어보며
논물에 비친 푸르고 푸른 하늘을 내려다보고
흰 구름에 가려 보이지 않는
금 비늘 옷을 입고 있을 한 마리 잉어를 생각하다가
별이 되어버린 한 마리 잉어가 생각이 나

눈을 가만히 감다가도
고개를 절레절레 흔들고,

나는 더 많은 붕어와 피라미 떼를 그의 곁에 그려달라고
화가에게 부탁하고 싶었다

더덕, 세 개

더덕 1

주름은 향기를 품은 연륜
이제 그의 주름은 주름이 아니다
향기의 탑이라 해야 옳겠다

향기는 내가 품고 있어도
내가 갖는 것은 아닌 것
누군가에게 나누어 줄 때
비로소 향기가 되는 것

너와 나 우리 모두 다

더덕 2

죽으면 썩을 몸 아끼지 말거라 와
마음도 네 발길도 깎고 쪼개 나눌 때
그 향이 사방 멀리로 퍼져나갈 것이니

더덕 3

향기 없는 더덕이 어디 있으랴
향기 없는 사람이 어디 있으랴

대머리 무덤

할아버지 무덤이 대머리다
흙 속에 술이 찰랑거려 잔디는
뿌리를 내리지 못했는가
붉은 황토도 술이 거나하다

저놈의 영감탱이
뒤통수에 대고 주먹 못을 박거나
맞아도 맞은 줄 모르는 손가락 총을 놓거나
할머니의 잔디 같은 날들이
미워도 미워할 수 없는
호미같이 곱게 살짝 굽은 미움이
속으로 스며들어 뿌리를 잘라버렸는가

심어도 심어도 잔디는
비료를 뿌려도 탈모 샴푸를 뿌려도 자라지 않아
가발 대신 올해는 꽃잔디를 심었다
대머리에 꽃을 꽂고 있으면
손자들이 무릎에 앉아
재롱을 부리다 웃어버리겠지

새들이 울려고 왔다가 웃어버리겠지
속도 모르는 할아버지
할아버지도 따라서 웃어버릴 거야

어록漁錄

기록하지 않아도 기록되는
어록이 한 권 있어요, 우리 집에는
먼지 끼어 있다가 책장을 펼치면
어둠을 털어내고 반짝 밝아지는

아버지는 어두육미라 하시며
머리만 드셨어요, 정말 그런 줄 알고
아이들은 등살만 먹었지요

아이들이 아버지로 취임한 날
어두육미의 참뜻을 깨달았지만
아이들은 아버지가 했던 정치를
바꾸지 않았어요, 머리만 먹는 전관예우를
전통은 중요하고도 중요한 서적이니까요

머릿속은 뾰쪽하지 않은 지식의 가시들이
촘촘히 잘 짜여 있어 배반의 가시에 찔리지 않지만
오히려 살만 먹는 아이들은 더러 찔리기도 했지요
〈

어느 날 낙지를 사 온 날
아이들에게 다리를 잘게 잘라주고
아버지는 머리를 먹다 체 했지요
너무 미끌미끌해서 너무 미끌미끌해서
다리에 줄줄이 켜놓은 촛대 같은
빨판을 흔들며 아이들은
왜 아버지는 가시 있는 머리만 먹지
가시 없는 머리도 드셨어요
등을 쳐대며 토하기를 바랐지만
기록되지는 않았어요, 어록은
기록하지 않아도 기록되기 때문에

우장

입학하고
처음으로 비가 내렸어요
할아버지가
우장을 입혀주고 삿갓을 씌워주었어요

몸은 젖지 않았어도
창피함은 허파까지 질질 짜도록 젖어
바들바들 떨렸어요, 뒤돌아보니
우산들의 뾰족한 손가락질에 내 우장은
웅크린 고슴도치가 되어 온몸에 바늘들을 세우고

또 비가 왔어요
할아버지가 내주었어요
헛간에 걸어놓은 우장과 삿갓을
나는 쓰지 않았어요 할아버지를

비를 맞고 학교에 갔어요
온몸이 다 젖어 생쥐가 되었지요
〈

비 갠 유리창 앞쪽 햇볕이 6교시 내내
눈에서 떠나지 않았지만, 아직도
겨울 양복을 입은 선생님은 분필 가루 날리며
수업을 했어요 길고 긴 시간을
초침의 가는 이빨로 갈며 갉아먹으며 빨리
파하기를 믿지 않는 하느님께 빌었지요

피멍 든 입술에 가래 뜯어다 붙이고
거머리 잡아다 죽은 피 빼내며
주름 주름 터진 무릎 걷어 올려
비비고 이어 짠 모시 필 앞세워
잡아들인 지전 몇 장
속 고쟁이 주머니에 갇혀 무기징역 살던
수염 뭉그러진 지전 몇 놈이
석방되어 용수철처럼 밖으로 튀어나온
첫 석방의 대가로 할머니가
군인 정신이 아직 빠져나가지 않은
국방색 갑바를 씌운 대나무살 우산을 사다 주었어요
〈

또 비가 왔어요
석방된 죄수의 발자국처럼
행진하는 군인의 군화 소리처럼
가볍고, 경쾌하게

옷 장사

규정되어 있어도 규정할 수 없는 것이
옷이지요
비싼 옷도 있고 싼 옷도 있어요
비싸다고 다 좋은 것일까요
싸다고 다 안 좋은 걸일까요
싸도 오래 입고 싶은 게 있고
비싸도 금방 싫증 나는 게 있지요
비싼 것들은 속을 잘 내보이지 않아요
꼭 그렇진 않지만
살다 보면 싼 것이 실속형이 많아요
꼭 그렇진 않지만
싼 것이 비싸질 수도 있지요
비싼 것이 싸구려가 될 수도 있지요

여기서 친구를 만나기로 했나요
여기서 애인을 만나기로 했나요

그러십니까

"죄송합니다 우리 열차는 용산 행 무궁화호 열차입니다 지금 수원역에 정차 중인데 새마을호를 앞에 보내야 하기에 3분 정도 더 정차하겠습니다"

그래, 죄송할 것 하나도 없는 일인데 무궁화보다 새마을이 우선이고 새마을보다 ktx가 우선인 시대에 우리는 살고 있지 않은가 돈과 속도가 지배하는 세상 그래서 통일호는 없어졌잖아

아! 통일 통일 통일호는 값이 싸서 없어지고 속도가 느려서 없어지고 통일은 우리의 염원이 아닌지도 몰라 ktx를 만들기 위해 새마을호가 필요했고 새마을호를 만들기 위해 무궁화호가 필요했고 무궁화호를 만들기 위해 통일호가 필요했을 뿐,

아! 통일호를 만들기 위해 평화의 상징 비둘기호가 있었긴 하지만 그래그래 그것도 옛날이야기잖아 다 그래 모든 것이 다 그래그래 그것도 옛날이야기잖아

다 그래 모든 것이 다 그래그래 그래그래 다 그래

모든 것이 다 그래

실가리 된장국

미역 사이 헤엄치는
멸치를 건져내며
미역국엔 닭고기나 쇠고기
살찐 봄 도다리라야

멸치는 실가리 된장국에
딱 어울리는 법

실가리 된장국 냄새 가득하던 집
된장국에 실가리 같던
우리 엄니 할무니
그 속에 멸치 같던 나
젤로 어울리는 때였는디

미역처럼 미끌미끌한
도시생활에
나 마른 멸치만 같아

여우 거시기

점쟁이가 육십만 원에 판다는
인터넷에서 육만 원에 판다는
여우 거시기를
죽어서 기능도 없는 거시기 껍데기를
불교용품점에서 육천 원 하는 여우 거시기를
효험이 있다면, 사람을 홀리는 효험이 있다면
점쟁이도 부처님을 모시는데
점쟁이도 불교용품점에서 부처님을 사 가는데
불교용품점이 더 효험이 클 것 같았지만
값이 싸서, 값이 싸다고 수컷을 못 홀릴 리 없겠지만
값이 싸서, 값이 비싼 것이 왠지 효험이 클 것 같아
불교용품점을 지나치고 점쟁이 찾아 육십만 원에 사서
팬티 속에 주머니 달아 넣었는데
밤을 홀리는 놈은 여우만 한 놈이 없겠지
검은 밤길에 나타났던 흰 여우처럼
누군가를 홀리기는 홀려줄 거야
가끔 손 넣어 만져보아도 거시기가 너무 딱딱해
홀릴 기능도 없을 것 같은데
점쟁이 말이 자꾸만 여우가 되어

나를 홀린 여우로 보여, 버리고 싶지만
육십만 원이나 주었는데, 버리고 싶지만
손 집어넣어 오므렸다 폈다 만져볼 때
한두 개씩 튀어나온 구미호같이 하얀
털이 살아 손가락 위에 서서 춤을 추고

삐삐 문구점의 고래밥

닫혀 있다
환한 대낮에 캄캄한 어둠을 안고

왁자지껄, 색동 바람개비같이 어린 가벼움의 무게로
열려 있었던,

거대한 침묵의 무게로
허깨비가 앉아 있다
살다가 말을 잃은 벙어리 엄마가 앉아 있다

태평양이나
대서양을 건너서
망토를 날리며 빗자루 타고 날아온
고래 한 마리가 숨을 들이켜 쉴 때마다
빨려 들어가 뱃속에서도 배부르지 않은 배를 채우던
우리들 골목 안 어린 크릴새우들
숭어도 가끔은, 망둥어도 모랭이도 모조지도 깔때기도
덩달아 등지느러미 세우거나 꼬리를 치던
〈

해협을 초점 잃은 눈으로 바라보고 있는 저 사람
허깨비가 앉아 있다
살다가 말을 잃은 벙어리 엄마가 앉아 있다

프리즘 속에서 쏟아지던 옛 별들이
밤이 되면 고래의 시간 속으로 다시 빨려들 수 있을까
눈으로 훔치다 들켜버려 가슴 팔딱거린
플라스틱 그랜저, KM소총, 변신로봇, 보잉 747 비행기가
색종이 같은 꿈을 꾸며 닿기 힘든 진열장 위에
층층이 앉아

손을 쳐서 부르고 있는데, 이미 없어서
갈 수가 없는 곳을 지키려는 듯

자석에 서로 달라붙던 극과 극의 맞잡은 손이
실험 끝나 버려진 쇳가루가 되어 흩어진 땅을
앞부리로 비비다가 헛 차다가

지금, 누가 우산을 같이 쓰는가

살 부러지고 천 찢어진
우산을 고친다

아직 버리긴 아까운 나이
젖으며 젖으며 살아온 한평생
녹슬고 색 바랜 길 뒤돌아본다

온전히 비 맞지 않도록 누군가를
제대로 덮어주어 본 적 있었던가
비 가림 해줄 수 있다면 애써야지,
마음에 새기면서 살아본 적 있었던가

바람 불면 우선 내가 내 몸 아껴
뒤집히거나 부서질까
몸 사린 것이 내 평생이었어

지금, 누가 우산을 고쳐 써요
나뭇가지 부러뜨려 추켜들고
뒤쫓아 온 태풍 링링이 눈 부라리며

해감

마지막 고별인사를 하라며
염장이가 녹음 염불을 틀고 관 뚜껑을 열자
어머니가 해감을 시작한다
비쩍 바른 알몸에서 생의 찌꺼기가 순서 없이 빠져나온다

제일 먼저 내 눈에 띄는 것은
쓸개에 박혀 시도 때도 없이 쑤셔댔을
'서방 잡아먹은 년'이라고 앞뒤에서 찌르던 구부러진 손가락 찌꺼기들이
죄도 없이 동족의 손에 묶여 대밭 뒤쪽 구렁 터로 캄캄하게 끌려간
스물네 살 남편의 동공 커진 눈과 함께 빠져나왔다

너도밤나무 그늘이 흘러내려 고인 웅덩이를 애써 피해 드나들던 골목길이
너덜너덜 바람에 날려 와 팔과 목에 감기던 끈끈하고 음침한 거미줄 같은 눈빛들이
어떤 놈과 내통했냐며 초승달 들이밀던 노망든 시모의 눈초리에 맺어진 매듭이

혀 밑을 파고들거나 목구멍 줄 잡아당겨 내장까지 쥐고 흔들던 찌꺼기들이
　얽히고설켜 풀지 못한 고가 되어 있었던 매듭이
　스스로 스르르 풀려
　흐늘흐늘 빠져나왔다

　그녀가 버린 것 중에는 그녀가 있지만
　그녀가 버리지 못한 것에는 그녀가 없어서
　달빛 사라진 밤 마루기둥 껴안고 몸부림치던 어두운 시간의 찌꺼기가
　바구니 속 조개로 갇혀서 나가지 못했던 바깥을 향한 부러지고 꺾어진 시선들이 구불구불 빠져나와 모래처럼 가라앉는다

　소금처럼 뿌려지는 염불 소리 따라 계속 뱉어내는 것들
　이 앙다물고 살아왔는데, 앙다물어진 이빨 사이로 빠져나오는 찌꺼기들
　빛도 소리도 축축하고 어두웠든 부엌에서
　왼손인지 오른손인지 의식하지 못한 숟가락

서서 먹은 물 말은 날들이 맨발로 빠져나왔다

　수면水面 아래 살면서도 반듯하게 누운 수면睡眠 한번 이루지 못하고
　뒤척거리던 물결 속 심야가 창백한 새벽을 열고 나가시듯
　이제 새길 나서려는 채비다

　바다로 스며드는 실개천보다 소심했던 내가
　움켜잡고 살아온 물결의 날들은
　아직 어머니의 변두리일 뿐인데
　해감 잘 마치고 평안해진 모습으로 누운 어머니에게
　꽃과 노잣돈 놓아드리고 하직 인사를 하라는 염장이의 말 따라
　하직 인사가 못 될 하직 인사를 한다

똥물

뚜둘겨 맞아서
골병든 데는
똥물이 최고랑께

애먼 사람 잡아다 뚜둘겨 팬 놈이
똥물은 묵어야 할 것인디

아쉬운 놈은
몸 아픈 놈잉께
어쩌겄어

합수통에 있는 걸
그냥 떠먹는 것도 아니고
대두병 주둥이에 솔잎 꽂아 꽉 막고
합수통에 담가 놔두믄
청주 같이 담기는데
그 맑은 걸 먹는 거여

시국이 험할 때

그걸 묵고 다 살아났당께

떡쇠 아재는
여럿이 둘러앉은 덕석 바닥에 놓인
막걸리 대접을 집어 들면서

방음벽

천 개의 귀가 있어도 입이 없는 저 사람

소형차의 아양 떠는 목소리도 고급 승용차의 거드름 피우는 헛기침도 낡은 트럭의 고달픈 하소연도 대형 트레일러의 우락부락한 굉음도 귀 세워 듣기만 하고 입 다물고 있다

불평은 물론 맞장구 칠 줄도 모른다 격려의 말도 칭찬의 말도 할 줄 모른다 인색하다고 할 정도로 무표정하다 얼굴 표정이 없는 친구가 든 화투패처럼 속을 읽을 수 없다

매연 같은 말들 다 가슴에 담아두고 감추어두고
근질근질한 입을 허공으로 틀어막고 있다

사람의 귀는 두 개밖에 없어도 화의 뿌리가 입으로 뻗어 자라나 톱이나 도끼를 맞기도 하는데, 수천 개의 귀로 듣고도 세상 사람들 길가는 얘기들을 소리와 고요의 경계로 막고 있는, 부처님의 미소마저 본 따지 않고 무표정으로 앉아 있는 저 면벽

언젠가는 가슴에 담아두었던 말들 세상에 다 뱉어낼 것도 같은데, 그러지는 않으리라는 얇아도 두터운 저 믿음

알약

밥 대신 한 주먹
알약을 털어 넣고
캡슐로 노랗게 누운 어머니
달나라 가는 우주인도 아닌데

하루 세끼 안칠 거리 걱정에
빈 냇가에 새벽안개처럼 한숨 뿜어내며
알약 하나 먹으면
하루를 살 수 있는
꼭 한 달만 살 수 있는
그런 약 없을까 하시던 때가
아득하면서도 아득하지 않은 엊그제인데

먼 별나라 가실 우주인처럼
밥 대신 한주먹
알약을 털어 넣으시고
캡슐처럼 누워 MRI 속으로 들어가신다

시소를 보다가

디딜방아는 늘 기울어져 있다
언제나 한쪽이 무겁고 한쪽이 가벼워
그녀가 바라보고 있는
발 앞의 하늘과 들판은 남의 것
송곳보다 좁기만 한 자리에서 엉덩이가
일어서기란 너무 무거운 먹구름에 눌려 있다
수만 평 넓은 들판의 샛노란 가을이 방아 속에서
옷을 벗고 맑은 알곡으로 태어나도
하루 품삯 쌀 한 되인 꽉 죄인 옷을 벗기란
장대가 너무 짧아 밤마다 별들만 쳐다볼 뿐
별들은 무얼 먹고살아 저리 반짝일까요
공단이 깔린 곳에 무늬로 사는 별도
큰 별이 있고 작은 별이 있는데
언젠가 중심을 축으로 돌아설 날 있을까요
네가 내 자리에 내가 너의 자리에
앉아보기란 흐르는 물처럼 바꿀 수 없는 물길인가요
안 먹어도 배가 부르는 이가 있는가 하면
먹어도 먹어도 배고파 우는 아이가 있는 집에
둘러앉아 이불 속에 발 넣고 있어도

뉘 발은 차갑고 뉘 발은 따뜻한 걸
의지만 기울지 않으면 된다지만
방아를 찧을 때마다
삐거덕삐거덕 울고 있는 중심축을
애써 멀리 비켜서서 지끈지끈 발로 밟고 있는
물젖은 보리쌀 짓찧는 가냘픈 어깨 위로
풍경화처럼 쏟아지고 있는 젖은 복숭아 꽃잎들이

개밥바라기 별

산등성이에 겨울이 그려놓은 나무들
나뭇잎 하나 보이지 않은 화폭 위
서쪽 하늘에 어느 날 저녁
무명씨 털어내는 활처럼 등이 굽은
노인 하나 한가로이 가고 있다

창백한 얼굴 마른 몸 가진 것 다 버리고 아무것도 없는 듯 등에 괴나리봇짐 하나 없다 소유한 것이라고는 단지 하나 깨끗이 빨아 구김 한 줄 없이 잘 다려 입은 하얀 옷 무늬 하나도 사치인 양 지우고

그 뒤를
개밥바라기 별 하나
쫄랑쫄랑 꼬리를 흔들며 따라간다

줄 같은 것은 없어도 좋다
발꿈치 따라가고 있다
주고받는 말은 없어도
마음 기대어
서로 외롭지 않게

카톡 선생님 댁 벽에 걸린 수채화

18-6번 개몽동改夢洞 종점 가는 버스
10번 의자 창 쪽에 앉은 아주머니
옆자리에 개를 앉혀놓고
핸드폰 공부가 고3이다
통로에 서 있는 한 여인이
"사람 앉을 자리에
개를 앉혀놓으면 어떡해요
사람은 서 있는데"
"어마어마, 이 개는 개가 아녀요 내 자식이에요
이래라저래라하지 마세요"
저 먼 미래의 뒷자리에 앉은 할머니가
"세상이 하도 수상해서
개 허고 붙어살며 헌단 얘기는 들어봤어두
사람이 개새끼를 낳는단 소리는 아즉 못 들었는디,
아니 어쩌다 그래
개새끼를 다 낳았슈"

2부

소리의 강

소리의 강은 공중으로 흐른다
소리가 보이지 않는 소리의 강은
파동을 일으키는 진동의 잔물결이
이쪽 강변과 저쪽 강변을 연결해 줄 뿐
여울이나 물거품 이끼 낀 물돌도 보이지 않는다
강변에 서 있어도 소리는 들리지 않는다
철저히 비밀로 흐른다 목적지에 닿기 전까지는
제비나 까치 같은 빠르고 날카로운 족속들이
염탐꾼이 되어 귀를 기울여도 목적을 이룰 순 없다

단단하고 가는 강이 거미줄처럼
이 집 저 집을 강의 하구언으로 삼아 연결하고 있을 뿐

철 철철 소리 내며
큰 논배미에는 많이 들어가고
작은 논 다랑이에는 적게 들어가지 않는다
아흔아홉 평 크고 높은 저택이나
세 평 지하 원룸이나
똑같은 양이 들어간다

소리도 없이

소리의 강은 좁아도 큰 강물이 흐른다
모래무치나 쏘가리 비단잉어 언어와 연어가 살고
산 그림자도 무성한 숲도 봄까치꽃도 모란도 찔레 열매도 사과도
바람도 살아서 강 속을 헤엄친다
철저히 보이지 않도록 작게 접히거나 투명하게
소리의 핏줄에 용해되어 있다가

불현듯 강을 느끼고 싶은 사람 앞에만 나타나
기억한 만큼만 은근슬쩍 흐르게 한다

벽에 걸린 옷

못에 걸린 옷은
화살표다 종이비행기다
위층으로 올라가고픈 쏘아 올리듯
햇볕 환한 베란다로 날아가고 싶은
위성이다 머리 꼭대기다
위를 향한 유선형 질문이다
어쩌다 물음표에 걸려 있다가도
물음표마저 생략되어
왜 올라갈 수 없는가
녹슨 못에만 걸려 있어야 하는가
벽에는 왜 계단이 없는가
아이들이 붙여놓은 색종이 개구리들
콘크리트 수로에 빠진 개구리들처럼
아무리 타고 오르려 해도 곤두박질쳐지는
벽

바지가 걸리고 윗도리가 걸리고
치마가 걸리고 윗도리가 걸리고
치마는 바지를 누르고 윗도리를 누르고

바지는 치마를 누르고 윗도리를 누르고
못 하나에 걸려 있는 식솔들

위층 넓은 베란다를 누를 듯 앉아 햇볕을 즐기며
뱀눈을 뜨고 아래층을 내려다보고 있을
잔주름 하나 없는 집주인 노파는
어떤 말에도 귀는 항상 녹슬어 있지 않아서
못 하나 박는 소리가 새 못처럼 반짝였는지
눈에 보였는지, 번개 치듯 혀를 날름거리며

못이라도 서너 개 더 박고 싶은데
반짝이는 새 못을 박고 싶은데

못 박으면 안 돼 아저씨, 못을 박는다

퇴근

진눈이 온다
아침에 맑았던 하늘이

별것 아닌 것 같더니
오후 8시는 구두를 적시고
어둠은 질척거리며
발밑에 깔린다

챙기지 못한 것은 내 실수가 아닌 우산
아침이 너무 화창했기 때문이 아니었던가
믿어서 안 되는 것은 맑음과 하늘이었는데

쳐다보면 불 켜져 환한 아파트 창문들
사이에 보이는 깜깜한 칸 두서넛
내 집도 아닌데 왜
저 깜깜한 칸이
눈에 띄는가, 유독

상자보다 작은 트럭의 짐칸에

돌확에 심어놓은 부레옥잠으로 앉아
붕어빵을 굽던 임신한 젊은 새댁이
이 근처쯤에 항상 있었는데,

마른 수수깡만 있던 밭

밭에다 왜 가난처럼 빼빼 마른 수수깡만 심으셨어요

히멀겋게 빌려와 쓴 흰죽을 파리하게 아픈 동생에게 먹이고 있을 때
  쳐다보고 쳐다보고 쳐다보다 나도 아팠으면
  저 죽을 먹을 것인데
  아프지 않은 것이 원망스러웠어요

밭에 풍성한 호박이라도 심으시지 그러셨어요
호박풋대죽도 자식들 입에 넣는 것 보려고 어른들은
배불리 못 먹었다는 걸 그때는 몰랐거든요
우리는 왜 맨날 호박풋대죽만 먹는가 옆집이 항상
부러웠거든요

밭에다 보이지 않게 감춰둔 것 같은
고구마라도 심으시지 그러셨어요
우리는 감춰두고 먹을 것이 너무 없었거든요
지금의 반이라도 그때 있었더라면
〈

좋아하시던 동태라도 사다 끓이고
흰쌀밥이라도 한 끼 지어 드리고 싶지만
이미 돌아올 수 없는 나라의
유사遺事가 되어버렸잖아요

두 발 달린 식탁

식탁이 점심 식사를 이고 간다
비루먹은 땅에 못 박혔던 다리가
보이지 않는 지네발이 되어
다리가 헝클어지도록 잰걸음
달려가고픈 식탁이 걸어간다

점심은 배고프고
노동은 허리끈 터지도록 배불러
눈은 배꼽처럼 멀고
허기는 소 눈깔처럼 둥글어
열두 시의 입술 위로
담배 연기가 헛손질을 한다

어머니가 들밥을 이고
논에 가던 날이
숟가락에 무덤처럼 둥글게 얹혀서

아내의 브래지어

아내의 가슴이
어느 날 갑자기
큰 산이 되었다

가난이 젖 구멍을 막아버려
젖 굶고 자란 딸이
사다 준 거란다

맞지 않게 너무 커서
버리라 했지만
아내는 딸이 사다 준 거라고
한사코 감싸 안는다

공항행 열차

1
딱 한발 늦었다
열차가 막 문을 닫고…

뱀을 만난 듯 걸음을 멈췄다

어참, 어참 이마로 손등을 닦는다
이럴 때 바로 급행이 오기도 했는데,

2
"오늘 차 이거 하나밖에 없는가요"
"아니지요 얼마든지 있어요, 기회란
내가 만들어도 되고 타인이 만들어 줄 수도 있어요
운이 좋으면 신이 만들어 줄 수도 있지요
열차는 계속 옵니다, 평생을요"

3
비좁아도 그 자리에 가만 서 있었더라면
내가 서 있었던 앞자리 사람이 일어섰잖아

이미 때는 늦었어 다른 사람이 앉았어
옮겨와 서 있는 이 앞자리 사람은
어디서 내릴지 모르잖아
그렇다고 물어볼 수도 없는 일
비행기 타고 구름 앞으로 자취를 감출 사람들이
왜 이리 많은 거예요
표정 없이 앉아 있는 저 사람들

염도

대들다 하나 된다
엎치락뒤치락거리다
짓이겨도 짓이겨져도

바다가 일어선다
태풍이 일어서면
바다가 먼저 일어선다

울어도 울지 않는다
뒤틀린 속을
돌아앉아 가다듬을 뿐

태풍이 없으면
바다는 죽는다
속이 뒤집혀야 생살이 돋는다

태풍이 일어서면
바다가 먼저 일어선다

바다는 누워본 적이 없다
양수는 바닷물과 염도가 같다지요

고구마 수확

나는 서리 올 무렵 캐야 한다고 했다
아들은 지금 캐야 한다고 했다
지금은 8월
심은 지 불과 두서너 달, 아직
밑이 들지 않았을 것인데
다들 지금 캔다고 아들은 말했다
다른 사람들은 지금 캐도 우리는
서리 올 무렵에 캐자고 나는 말했다
나는 고구마가 커야 수확도 많고 맛이 있다고 했다
아들은 고구마가 비쌀 때 캐야 수입이 많다고 했다
나는 반평생 농사를 지었다
아들은 이제 주말농사 겨우 1년
나는 뇌를 더듬어 기억을 꺼냈다
아들은 인터넷을 뒤져 방식을 꺼냈다
나는 내 경험이 맞다고 했고
아들은 인터넷의 정보가 맞다고 했다

등

　내 몸에 있는 나의 등을 나는 아직 보지 못했다
　견갑골 아래 검은 사마귀가 두 개 있다고 했는데
　나는 내 등을 볼 수 없을 것이다 명백히
　등을 보기 위해 뒤로 돌아도 또 뒤로 돌아도 아무리 돌아봐도
　보지 못해서 위대한 등 위대함은 아주 먼 뒤에서나 보이는가
　내가 내 등은 한 번도 보지 못했는데 수도 없이 보아온 남의 등
　등에 업혀 자라왔고 앞번호의 등을 보며 외운 역사와 구구단
　앞에 선 전우의 등을 보면서 숨 헐떡이도록 구보를 했으며
　어린 자식들의 등을 다독거려주었거나 할머니의 등을 긁어드리고
　목욕탕에서 만난 낯 설은 등의 때를 밀어주기도 하면서
　앞사람 등만 쳐다보며 달려온 시간들
　등은 얇은 판 하나에 불과해도 등이 가지고 있는 것은 두텁고 믿음직함
　등이 없는 앞은 어디에도 없었다 물론 앞이 없는 등도 없지만
　명치에 땀이 고이면 노동의 등줄기가 가진 것은 땀이 흐르는 동질성

　빌딩이 올라가는 것도 질통을 짊어진 등의 힘, 아이를 업어주는 등, 지게 짊어지는 등, 가정을 짊어지는 등, 하루를 짊어지는 등, 직장을 짊

어지는 등, 한 달을 일 년을 짊어지는 등, 북과 노래를 짊어지는 등, 따개비를 짊어지는 바위의 등, 바람을 짊어지는 등, 나라를 짊어지는 등, 예수는 등에 십자가를 짊어졌고 부처님은 등에 공空을 짊어졌다지요

  등이 바닥을 받쳐주면 앞은 등을 깔고 눕고
  앞이 바닥에 엎드리면 등은 앞을 감싸 주고
  등은 앞을 보이다가 등을 보이기도 등을 보이다가 앞을 보이기도
  그렇다고 등이 변덕스러운 것은 아니어요
  등이 가진 것은 오히려 앞의 변덕을 가려주는 전혀 없는 변덕
  스스로 움직임이 있는 것에만 대체로 있는 등
  스스로 움직임이 없는 것에는 대체로 없는 등
  앞뒤나 위아래가 존재하는 곳은 어둠을 키우지만
  등은 어둠을 기른 적이 없답니다

  아내와 다투기라도 한 날에는 등에 등이 가까워 마음이 멀어질 때도 있지만 다시 등과 등이 멀어지면 마음이

가까워지기도 하지만 서로의 등을 보면 소금기 핀 날들이 짠하게 비질비질 배어 나오기도 하지요

　제사상 앞에 엎드려 절하는 자손들 등을 보면 대대로 이어진 등줄기가 산등처럼 뻗어 산맥을 이루고 골까지 비춰주는 등燈의 등불이 등에서 더욱 환해집니다

작은 엄씨 지사상을 차리며

　오늘이 마지막 잉가 보네, 내가 큰마누라인디 나는 구십이 넘도록 아직 살아있고 자네는 서방 따라 바로 가고, 서방이 자네를 먼저 데려간 것을 보믄 자네가 나보다 더 조았덩가 보네 지사상은 차려주네만은 아무리 그래도 나가 큰마누라 인디 자네한테 절이야 할 수 있것능가, 팔도 사방 떠돌 때는 서방이 내 서방이 아니고 팔도 각시들 서방이였는디 그래도 자네는 성님 성님 하믄서 날 따랐응께 미웠어도 그리 밉지는 않았구만, 시상에 태어나서 씨앗 하나 못 봤응께 물밥 떠줄 사람이나 있겄냐고 하더니, 나가 지삿상 차려준지도 인자 몇 년잉가 나가 죽으믄 그만이겄지 했는디, 작년에 넷째가 조기 작은 것 사왔다고 큰애가 올해는 사 오지 말라고 하믄서 저가 큰 것 사왔다네, 그뿐이당가 셋째가 내년부터는 자네 지사를 모셔간다고 안 항가, 나가 그랬네 요새는 있는 지사도 안 지낼라고 한디 너는 왜 지사를 모셔갈라고 하냐, 했더니, 참! 지사 모시면 맛있는 음식도 먹고 좋지 않아요 하더랑께, 부모 없이 자라서 임자 없는 지사라도 모셔다 지내고 싶다고 그러데 그래, 그래도 자네는 참 복도 많응가 봐, 인자, 나가 죽어도 오래오래 지삿상 차려줄 씨앗이 생게쓰니, 그래도 정이 들었덩가 내 맘이 쬐끔 서운하당께 자네 맘 씀씀이가 곱기도 했지만

내외간

"나 죽으믄 저놈의 할망구
덩실덩실 춤이라도 출 것이구먼"
"그래요 그래
춤만 춰요 더 한 것도 하제
전생에 웬수가 이생에 부부 된다드만
뒷골 여시는 뭘 묵고사는지
저놈의 영감탱이 술 탱이 안 잡아가고"
들어도 듣지 않게 못 들은 척
살붙이고 살아온 날들이
열여섯에 반짇고리 하나 끼고
들어온 골목
낼 모래 아흔인데 벗어나지 못한 골목
찰랑찰랑 가슴까지 목까지
영감탱이 먹은 술로 채워지던 골목
쑤시모가지 같이 찰랑대는 농사 한 번
짊어지고 들어온 적 없는 골목
허리 꾸부러지고 삐쩍 말라붙은 골목을 보며
"그래도 인자 서로가 서로에게서 보이는 것은
짠하고 불쌍한 등허리만 보인당께"
먼 산을 바라보시는 할머니의 초점 잃은 시선

비망록

어머니, 아버지에 대해서 그때
물어볼 말이 있었는데 그때
상처에 상처를 얹을까 보아
물어보지 못한 말들이
가슴속에 쌓이고 쌓여
화석(化石)이 되어 있는데
명치끝을 무겁게 누르고 있는데
이제는 물어보고 싶어도 물을 수가 없군요
어머니 홀로 가슴에 안고 가셔 버려서
어머니, 아버지에 대해서

부엌과 안방

부엌과 안방은 한집에 살고 있어요
얼굴을 맞대고 도란도란 살아가지요
다른 집과 싸울 때는 한 몸이 되지요
그런데 부엌과 안방은 구조가 달라서
그런데 부엌과 안방은 하는 일이 달라서
부엌은 끼니마다 밥을 지어 바쳐야 하고
물을 적게 잡았는데 진밥이 지어질 때도 있고요
안방은 끼니마다 입맛에 맞는 밥을 먹고 싶고요
된밥이 먹고 싶은데 진밥이 올라올 때도 있고요
그러다 보면 어떤 때는
서로 얼굴을 붉히고 등을 맞대기도 하지요

부엌에서 들으면 주걱의 말이 옳고요
안방에서 들으면 밥숟가락의 말이 옳고요
서로 옳아서 옳지 않으면서도요
서로 믿어서 믿지 못하면서도요
마치 며느리와 시어머니 사이같이
마치 정부와 국민 사이같이
부엌과 안방은 한집에 살고 있어서

아내의 핸드폰

전화가 왔다
아내에게서
내가 할 말이 있었는데
자기 할 말만 하고 끊어버린다

"개도 갖고 댕기는 핸드폰 나만 없네"
하기에 내 것을 주었더니
덕분에 나는 새것을 샀지만

한 달에 전화료 1,800원 안팎
받는 것만 받는다
겨우 나와 아들딸에게 하는 전화
그것도 본인 할 말 끝나면
여지없이 끊어버린다

끼니때

"이리 와서 묵어라" 작은 집 지순이가 오믄 할무니는 할무니 옆자리로 지순이 손을 잡아끌어 앉히고 밥그릇에 밥을 덜어 주고 묵으라고 했다 저 어린것이 묵을 것이 없응께 을마나 배가 고프것냐 괭이밥만큼 떠 드린 할무니 밥은 그래도 쌀이 눈에 띨둥말둥 하나씩 섞였는디 그걸 나눠주는 걸 보고 동생도 나도 침을 삼켰지만 아무 말도 못 하다가 둘이 있으믄 그 밥 우리나 주시지 왜 자꾸 지순이만 준다냐 하고 투덜댔지만 그다음에도 또 그다음에도 끼니때 지순이가 오믄 밥을 덜어주셨다 할무니는 쏙 들어간 배를 치매끈으로 한 번 더 단단하게 허리를 돌려 매실 뿐

허리디스크

아버지의 사업이 발기불능이 되었다
등뼈 같은 주력사업이
어느 날 삐끗한 뒤 디스크에 걸려
남에게서 한 알쯤 빌려 먹을 수도 있는
비아그라나 시알리스 같은 약은 뻔뻔스럽지 못한
아버지의 얼굴로는 빌리지도 처방을 받지도 못했다
혼자 끙끙대며 아무리 애를 써도
애를 쓰면 쓸수록 물건은 더 작아지고
일어설 기미조차 없어졌다
검고도 칙칙한 껍데기를 둘러쓴 빚의 대가리는
세상의 질척한 구멍 앞에서도
현관문의 건조한 구멍 앞에서도 고개를 숙였다
남자는 짚단 한 개 들 힘만 있으면
아기를 가질 수 있다던 얘기는
농자천하지대본일 때나 있던 이야기입니까
지금의 산업화 사회에서는 전설에 불과할 뿐인가요
방바닥에 등 댈 힘만 있으면 뭐든 할 수 있다고
어머니가 현관문을 열고 나가시고

바위 지느러미

바위의 지느러미는 미역이다
바위는 지느러미를 너울거리며
헤엄쳐가는 듯 헤엄쳐가지 않는
위장술의 대가다
문어보다 더 위장술의 고수다
문어도 바위의 문하다 그러나
아직은 지느러미 붙이는 법을
전수해 주지는 않았고
상어가 지나가도 바위는
무서움에 떨지 않는다
미동도 하지 않는다
지느러미만 팔랑거리지만
아무도 바위의 지느러미임을
알지 못한다 눈치채지 못한다
눈이 큰 태풍도 알지 못하고 지나친다
바위는 지나가는 태풍의 살을 뜯어 먹는다
파도를 잡아먹고 살이 단단해진 바위
더 단단해지려고 힘센 해일을 잡아먹고
태풍을 뜯어먹고 지느러미를 키운다

지느러미는 변장술의 가장 좋은 도구다
시침을 뚝 떼고 흔들거리는 지느러미는
마르면 바위의 속성을 가지고 단단해진다
젖으면 매일 먹은 물의 속성을 가지고
파도를 타고 다시 흔들거린다
상어의 지느러미를 예리한 칼로 잘라 말리는
나라의 어부가 있다는 것을 아십니까
어촌 사람들은 그걸 알아
바위의 지느러미를 떼어낼 때 칼이나 낫을 쓰지 않고
바위의 머리를 쓰다듬듯 손으로 떼어낸다

바위도 그걸 알아
지느러미를 베어내도 어떤 표정도 짓지 않고
미역은 베어내도 베어내도 다시 자란다

3부

비누

둥글고 복스럽게 생겼다고 했던 뽀얀 내 얼굴
시집올 때 가리고 있던 예단의 면포를 걷어내자마자
이불속 느낌도 거품으로 떠내려가 버리고
옷소매 걷어 올리고 찬물인지 더운물인지
서방님 옷 빨아드려야 했다 양발을
시어머니 오줌 저린 옷을 빨아드렸다
검은 머리 희노래지도록 빨아드렸다
검은 점들의 등을 하얀 손으로 밀어드리고
사타구니 앞뒤를 씻어주고 아이들까지

나는 그렇게 야위어 간다

다른 사람들이 나를 볼 때마다
물 좋은 집에 시집 잘 간 덕택에
점점 더 날씬해진다고
향기 없는 입으로 눈으로 말을 했지
하지만 나의 향기도 꿈도
사라진 줄 모르게 사라져 가고
줄어든 줄 모르게 줄어들고

나는 그렇게 야위어 간다

쉼터

내비게이션이 없어도
저절로 가는 길인데
주소를 검색하는 양
잠시 더듬거리고 있을 때
한 사람이 와서 꽃을 놓고 향을 피우고
한 사람이 와서 곡을 하고 절을 하고
한 사람이 와서 절만 하고
한 사람이 와서 상주와 인사를 하고
한 사람이 와서 술만 먹고 가고
한 사람이 오지 않고 돈을 보내고
한 사람이 와서 오지 않고

곡하고 절하고 돈 내고 술 먹고
엄숙한 사람들만 있었다면 어쩔 뻔했나
한쪽에 둘러앉아 어깨 운동하고 돈 땄다고
숨은 마음이 벌렁벌렁 한삼춤을 추는 놈
구석에는 술 취해 노래 부르다 창을 하다 타령하는 놈
놈팡이 한두 놈 없었다면
어쩔 뻔했나

호미

연장들 들일 나가고
헛간에 혼자 걸려 있는 호미를 본다
번쩍거리던 지혜도 폭넓은 활동도
다 닳아 어깨 좁아진
가장 미워했든 모습의 내가 되어
등도 허리도 시들어가는
울타리에 걸린 쇠비름을 본다
아무리 따가운 볕에 버려놓아도
죽지 않고 말라가는
쇠비름도 바랭이도 찍어 던지며
보리나 콩이나 수수나 무명이
잘 자라길 바라던 때도
눅눅하고 축축한 기억의 시간일 뿐
쇠스랑 가래 괭이들과 같이
어울려 다니던 때가 어제였는데
아무리 돌아다봐도 기억도 가물가물
논밭 쪽에서 불어오는 바람이 아직도
자루에 묻어 있는 초록의 상큼함인데

수족관

월미도 서해 횟집 통유리 창 아래 놓인
수족관에 석양이 가득하다

나이 먹은
광어들 바닥에 바짝 엎드려 있는데

전어 떼들 위쪽으로 오르며 오르려
물 날개를 단다
반짝이 옷을 입고
현란한 춤을 춘다
물이 창공이라도 된 듯
깃발로 펄럭이고 있다
전어 떼들 사이 물속에
언뜻 비취는 내 얼굴

세상을 다 가질듯한
저 전어 떼들의 오늘이
수족관에서 요동을 치고

오수역

여수엑스포행 막차가
오수역을 지난다
스티로폼 박스에 든 조개들처럼
형식적으로 눈을 감고 있거나
아귀가 되어 마른 입을
쩍쩍 벌리는
웅덩이에 들지 못한 잠들
피곤한 잠을 재워주려는 듯
귀를 덮어주는 규칙적인 바퀴 소리의
자장가는 질 좋은 어머니의
자장가가 되지 못하고
진동의 소음이 배를 문질러주지만
따스한 어머니의 감촉은 아니다
해파리처럼 떠 있는
불덩이들을 스쳐 지나가는
고래상어 배 속의 융기에
반쯤 등 기대어 누워 있거나 앉아
무작정 배낭을 꾸린 걸 후회한다
일상의 실린더에 반복해서

드나드는 후회의 피스톤
후회는 밥 먹듯 항상 있는 것이야
하고 잊으려 하지만 잊으려 하면
할수록 더 또렷해지는 허깨비
나는 심야의 열차에서
어둠이 덮어주는 두터운 잠을
끌어 덮지 못하고
서툰 낮잠처럼 입을 쩍쩍 벌리며
오수역을 지난다

다람쥐 엄마

눈이 캄캄하다고 하는데
귀는 더 밝아졌나 봐요
바스락거리는 소리만 나도

귀가 입을 잡아당겨
입이 커졌나 봐요
볼이 커졌나 봐요
볼을 가득 채우는 것이
의무인 양 봉사인 양
입안에 도토리가 들어 있어도
도토리를 집어넣어요
입안에 알밤이 들어 있어도
알밤을 집어넣어요
심지어는 너도 밤도 집어넣지요
다 챙겨요 챙겨 감춰요
챙기는 것이 저세상에 갈 탯줄인 양

엄마가 돌아가시고 큰형도 막내도
엄마가 감추어둔 돈이 있을 거라고

통장과 헌 옷 고쟁이 주머니까지 탈탈 털었지만
아무 데서도 아무것도 나오지 않았어요
입고 가신 옷은 주머니도 없는 옷인데…
누나는 흰죽처럼 멀거니 앉아서

당신과 나

모란꽃 병풍 앞에 마주 앉아 처음 본
열여덟 신랑과 신부였던 당신과 나
비둘기가 짝짓기 전 서로 주둥이를 콕콕콕 마주 부딪치듯
가슴 두근거리다 당신이 황초불 손으로 눌러 끄고

목침덩이 라디오가 흑백 tv가 되고
흑백 tv가 칼라 tv가 된 세월
칼라 tv 같던 당신과 나의 젊음이
흑백 tv로 바뀌어 버린 지금
얼마 가지 않아 고장 난 목침덩이 라디오가 되어
소리도 서로 알아들을 수 없이 삑삑거리는 음만 내겠지만

　나는 무릎에 파스를 붙이고 당신은 거울 보며 허리에 파스를 붙이다
　혹시나 거울에 붙여놓고 허리에 붙인 줄 알고 눕지나 않을까 염려 돼
　당신의 쪼글쪼글한 허리에 늘어진 옷자락 올리고 꼭꼭 눌러 붙여주고
　〈

끓여 먹다 남은 식어버린 쌀뜨물 맛의 밍밍함만 남았어도
 나란히 누워 겨울나무 가지 잡듯 손을 잡아 참새가슴 온기를 느끼다
 형광등 스위치를 내린다

아프리카 초원의 호남고속도로

아프리카 푸른 초원의 검은 누우 떼가
떼 지어 하얗게 먼지 쓰고 달리는 것은
명절날 호남고속도로에 달리는 차 때문이다
바위 뒤에 사자가 숨을 감추고 숨어 있는 것은
눈이 없어도 눈이 밝은 CCTV 때문이다
호랑이가 앞발에 긴장의 발톱을 세우고
엎드려 있는 것은 갓길에 속도를 감춘
이빨이 튼튼한 렌터카가 있기 때문이다
악어가 참을성 딱딱한 전술을 입고
숨어 있는 것은 섬으로 가는 배 밑에
명절을 찾아 나타나는 태풍 때문이다
그래도 누우 떼는 초원을 달려요
차들은 호남고속도로를 달려요
독수리가 날아요
드론이 날아요

술

술이 익어간다 모과처럼
아랫목 이불에 쌓인 항아리에
술을 마시는 것이 어찌
때가 있으련만

청주 한 잔을 마시려거든
찾아오는 친구가 꼭 두 명 있어야 한다
흰 구름 같은 시 한 구절이 있어야 한다
창밖에 매화가 드문드문 피어야 한다

막걸리 한 잔을 마시려거든
등에 땀 흘릴 농사일이 있어야 한다
삼복염천 등물 끼얹을 참샘 물이 있어야 한다
감나무 그늘에 놓인 대 평상이 있어야 한다

좋은 음식 먹고 난 뒤 술잔 끝에
앙금을 남겨도 안 되고 찌꺼기를 남겨도 안 된다던
애주가 할아버지의 제삿날, 오늘은
껍질 터지도록 영근 나락 위로 가을바람이 불어온다

꽃과 소

1
들판의 풀밭에
나 꽃으로나 수줍어 앉아 있을 적에

호랑나비나 부전나비 날아오려나
했는데, 뿌락데기 한 마리
산책 나왔다가 침을 질질 흘리며
두툼한 입술을 들이대었네!

나도 모르게 쥐어진 주먹 속에
쫄아든 내 얼굴 내 심장

천둥이 천 번 쳐서
태어난 내 얼굴 내 몸을
코 몇 번 킁킁거리더니
통째로 삼켜버리고
아무렇지도 않은 듯

2
하루에도 몇 번씩
지긋이 눈감고
꺼내어 씹어본다고

배꽃

　옷깃을 스치기만 해도 눈물이 왈칵 쏟아져버릴 것만 같이 손등이 하얘서 보드라운 형수는 배꽃이 날리는 계절을 넘기지 못했다

　망할 것, 망할 것, 이 좋은 세상을 기껏 그것 살라고 와 가지고,

　어머니의 푸념을 못 들은 척

　할머니는 할 일도 없는 발걸음을 뒤안으로 돌리신다

파삭, 오후 3시가 깨졌어요

실수는 너의 것이지만
즐거움은 나의 것

파삭, 계란 깨지는 소리가
베 가방을 노랗게 흘러나와
차 바닥을 검게 적셔간다

사내는 뒷자리에 앉아 있다가
아내의 옆자리가 비자…

마당에 풀어 키운 유정란인데
아이들 주려고 안 먹고 가져온 건데
계란 위에 꼬막이 있어서…
사내의 말은 아내에게 스며들지 못하고

동그랗고 노란 웃음은 품은 속을 감추고
승객들의 안 되었다는 인사치레 겉 표정이
노른자와 흰자가 섞이듯 섞이어
깨진 오후 3시 사이로 흘러나와
차창으로 들어온 햇빛에 전 지지듯
차 바닥을 번져가고

전쟁

저 어린 것들이 뭔 죄가 있다고

드론이 부러운 비행기의 항변

과정도 없다
활주로를 기어가는

수직 상승해도 멀리는 못 가지

마냥 활주로를 굴러 봐도
바퀴 빠진 꿈이 있을 뿐인가

수직으로 날아오르는 꿈이
어딘가에 꼿꼿이 서 있으련만

세계의 하늘을 날려면
활주로를 기어가야 해
위안의 검은 아스팔트를 깔아

더 길고 긴 활주로를 굴러야 해
그리고 이륙해야 하는 거야

올해, 들깨 농사는요

밤이 너무 밝아 대낮에도 어둠이 가득 차 버린 밭에서

농부는 이렇게 말했어요
허우대만 멀쩡해가지고
허우대만 멀쩡해가지고, 참

기어코 말하고 말지요
꽃을 조랑조랑 피우길 하나
열매를 또록또록 맺길 하나
다 이놈의 불 때문이야
열매를 못 갖는 것은
어둡던 길이 너무 밝아 눈이 부셔
연애가 못 오기 때문이야
연애는 밝아도 어두운 곳에서 사는 것 아냐
오대 독자 아들 하나 있는 것은 마흔이 넘었는데
장가갈 생각조차 하지 않아요
허우대만 멀쩡해가지고

밤이 캄캄해야 별이 또록또록 여물듯 알맹이가 여무는 것이
이치인데 이치를 넘어 삼치가 되었는지 5G가 되었는지

촉수를 높여가면 높여갈수록 어두워지는 세상
칠 년도 벌써 지나 아홉 달 열이틀인 시집간 딸년은
다이어트만 했단다 깻대가 되어가지고
기름 바른 살결에 버버리*만 뿌리면 뭘 해요
아기 기저귀 지린내 한 방울만 못 한 걸
부모의 까만 맘을 환하게 아는지 모르는지 내 원 참
이유가 뭐냐 물어보면 밝은 불 때문이라고…
뭔 말인지 당최 알 수가 있어야지요
세상이 너무 밝아 자궁이 어두워졌다나요
없는 것 없다는 모란시장에 가면 개새끼만 파는지
사람 새끼도 파는지 아무래도 알아봐야겠어

들깨도 바람도 아기들도 기계로 마구 찍어내는
구름과 비의 시대가 곧 온다고는 하지만
지금은 불이 밝아
밤이 너무 밝아서
밭을 묵혀야 할까 봐요

* 버버리 : 향수 품명

벌집

다리로 얼굴 쓰다듬어 화장을 한 뒤
독침하나 잊지 않고 감추어 챙기고
집을 나서는 어머니

세상이 어찌 그리 만만찮던가
손잡아주는 이도 있겠지만
어깨 기댈 곳도 있겠지만
웃음 속에 독 품은 사람도 있을 거야
핀셋 들고 대드는 사람도 있을 거야

꿀벌은 독침을 쓰지 않는다
살아온 길 뒤돌아보면
소설 열 권 못 쓸 사람 있을까만
참고 참고 또 참으며
아카시아꽃도 이슬도 눈물도 웃음도
밤꽃도 바람도 농담도 분노도
모두 다 꿀로 만들어 돌아와
방마다 말갛게 뱉어놓는다

꿀벌은 새끼들에게 꿀만 먹이고

4부

인덕션

불이 없어도 불이 있었구나
2구의 불꽃 없는 민판 위에서
밥과 국이 뜨거운 김을 뿜어낸다

쇠보다 차갑고 단단했던 어머니의
가슴속에도 불이 있었을까
들어오거나 나가거나 부엌을 벗어나지 못했던
불이 있었다면 그 불은
뜨거운 불이었을까 차디찬 불이었을까

 이 세상 모든 어머니의 가슴에는, 나무나 풀뿌리 하나 없이 선이 고운 야산 봉우리가 둘이 있어야 봉우리 꼭지에는 말캉한 바위가 하나씩 붙어 있는디 바위에서는 가슴 속 용암이 솟아올라 뜨거운 밥과 국이 나오는디 그 봉우리를 쭈쭈라고 하는 거야 봉우리 사이로는 맑은 마음이 흐르는 사람인ㅅ 자 골이 있어 높고 낮은 조화를 이루는디 그 형상이 바로 불화火와 같아서 어머니의 가슴속에는 뜨거운 불이 있고 따뜻한디 그 불은 끌래야 끌 수가 없는 거다 천자문 19페이지 용사화제龍師火帝를 가르치면서 서당 선

생님은 화火자를 담뱃대 물초리로 짚어가면서 말씀하시곤
했었는데

  청솔가지 꺾어 이고 와 불 지피던 수건 쓴 이마 위로
  억척스럽게 피어오르던 눈 매운 연기가 사라지고
  남은 잉걸불 위에 손가락같이 앙상한 적쇠 얹고
  간고등어 한 마리 구워 등살 떼어 먹여주던 저녁이
  있었던 것 같기도 한데
  눈에 보이는 불만 불로 알고 살아왔으니

  오늘 저녁은 고등어 한 마리 구워 먹고 싶은
  간절함이

반월상 연골

정월대보름 하늘 맑았어도
뜨지 않아 볼 수 없었던 달이
내 무릎 속 내측 외측에
짝지어 쌍으로 있었다는 것을

상부와 하부의 뼈 사이에 끼어 앉아
보이지 않는 힘으로 온몸을 지탱하도록
눌림을 막아주던 쐐기가
교각 사이 들어 있는 고무판같이
온도나 습도에 따라 늘어나고 줄어들며,

수십 년 함께 살아도 밖으로 뜨지 않아
볼 수 없었던
밝고 둥근 숨은 지혜가
재봉틀 속 반달판이 실의 긴장을 잡아주듯
근육의 긴장을 잡아주었을 것인데
너무나 당연한 일들이라 보지 못했는데

이 바보야 네 몸에 있는 달도 네가 못 보냐며
나의 종아리를 맵차게 때려준 자동차가
깨우쳐주어서

발바닥 마을

리아스식 해변이 아름다운
제일 남쪽에 있는 바닷가 마을
밀물 썰물이 하루에도 수십 번씩 들고나도
태풍이나 해일 피해가 없는
보급로가 멀어 중앙정부의 지원이
제일 늦게 도착하거나 못 받기도 하지만
지방자치제가 그 어느 지방보다 잘 되어 있어
어른 아이 구별이 정연한 발가락과
상부를 항상 받들고 있는 뒤축의 충성은
마을의 안녕을 지키는 당산이지요
밖으로는 어느 곳보다 차가운 대우를 받아도
안으로는 따뜻한 핏줄이 결집해 있어요
최고의 노동에 최저의 대우 때문에
지독한 고린내를 풍기는 경우도 있지만
속으로 감추고 삭일뿐 내색을 하지 않아요
오늘은 이 마을에 잔치가 있는 날
중앙정부의 높은 관리들이 내려와
정중한 소통의 마사지로 위로를 하고
어른 아이 할 것 없이 빨간 매니큐어 훈장을 베풀며
꽃장식의 감사장을 수여하고

소, 소나무

소가 죽어서 소나무가 돼?
소를 팔고 오면서 옷소매로
커다란 눈을 껌벅거리다 훔치는,
뒷동산 산길을 앞세우고 터벅터벅 넘어오다
소나무를 만지고 쓰다듬고
팔려 간 소가 소나무라도 된 것처럼
소나무가 소라도 된 것처럼,
항상 소를 매 놓았던 소나무
쇠똥 냄새 지린내가 짙푸른
솔잎이 코를 찌르는데
할아버지는 송홧가루 향이라도 된 듯
뒷다리에 말라붙은 소나무 껍질 같은 소똥을
맨손으로 뜯어주고 빗자루로 쓸어주고,
소가 죽어서 소나무가 돼?
까까머리 긁적이며 물어보면
허허허 그래 그렇단다
이제는 묻고 싶어도 물어보지 못한다
팔려가버린 소가 소나무가 되어서
할아버지 앞에 꼿꼿이 서 있지 않은가

매일 같이 남의 집 품팔이 논갈이를 하고 와서도
울어도 웃던 소의 얼굴이 순하게
목덜미랑 잔등을 지금
내맡기고 있지 않은가
아침 일찍 가는 댓가지 빗자루로 쓸어주고
쇠 빗으로 털 빗겨주고 쓰다듬어 주던
그 목덜미를 잔등을 쓰다듬고 있지 않은가

맞 잡는 여자

치마 걷고 하얀 욕정을 내놓은 여자가
검은 신사복 입은 갯벌의 윗옷을 열어 젖이고
잘피 밑을 헤친다 손가락으로
만지듯 꽃소금을 뿌린다
유혹에 걸려 내미는 혀
단단하고 길쭉한 것이 쑤욱 나와
맛을 보는 맛
그때 바로 낚아채야 하지요
맛이 안 맞으면 맛은 쑥 들어가 버려요
실패해도 싱거운 걱정은 하지 않아도 돼요
한 번으로 되기도 하지만 안 될 수도 있는 법
조금 더 많은 꽃소금을 치면
짭조름하게 간이 맞아
더 깊게 혓바닥을 자극할 테니까요
미끌 하면서도 단단한 맛이
꼿꼿하게 서서 힘차게 쑥 나오면
손바닥으로 느끼듯 감싸 쥐고 애무하면서
조심조심 맞잡아 넣으면 되지요
바다가 질척질척 가득히 들어오고

석양의 송이구름 목덜미에 피어나면
항상 그랬듯이 넉넉함이란 소리 없이
캐시 미론 이불처럼 가볍게 덮여오는 것
바구니 못 찬 아쉬움을 안고 돌아와도

장미 정육식당 4호점

붉다

장미꽃무늬 접시 위에
꽃잎으로 쌓여 있는 살점들
삶도 죽음도 하찮은
붉음에 불과한 것인가

어제까지 풀 뜯었을
살점들을 본다
평생 초근목피로 살아온 순하디순한
커다란 눈망울이 안고 있던 순수를
복종을 근면을 퇴화해 버린 뿔의 본성을
물기 어린 콧구멍에서 마지막 뿜어 나오던
가는 숨소리를

싸락눈 뿌려진 결을 품고 떨어진 꽃잎같이
고기가 되어서도 몸에 밴 복종을 버리지 못한
가시도 뿔도 없이 누워 있는 순한 살점들
〈

소주로 연기를 씻으며
오늘을 구워 먹고
불그스레한 웃음을 주고받다가

배 만지며 이 쑤시고
식당을 나오는 우리도

상여를 본 아침

상여를 보았다
이른 아침 상여를 보면
그날 재수 만발한다고
공중에 꽃을 피우던 노점상 누님은
가고 없는데

아침 일찍 물건 싣고 자전거 타고 오는 길
검은 리본의 리무진과 버스가 신호대기 중이다

연평 앞바다에 고기잡이배가
떠내려온 시체를 만나면
한 바퀴 다시 돌아서
앞머리 옆 뱃전으로 정중히
건져 올려 모신다고 하는데

횡단보도를 건너지 않고, 나는
파란신호등을 건너지 않고, 나는
자전거에서 내려 자전거를 끌고, 나는
장의차 뒤편으로 돌아

쥐

내 몸은 쌀 두지다
평생 쌀을 퍼 담은

어느 날 쥐가 들었다
언제 들었는지도 모르게

쥐가 어디 소문내고 들어오는가
들어온 흔적도 없다

이놈이 예전에는 모르게 숨어 있더니
요사이는 가끔 통이 커져 티를 낸다

밤이면 해찰을 부리거나 보채기도 한다
잡아내려 자루를 주무르면 흔적을 감추지만

눈동자와 눈동자

때 이른 무더위가 등골을 타고 섬찟하게
흘러내리는 1980년 오월
신작로 옆 대보 등에 무성한 소문이 묻은 갈대를
제거하라는 상부의 줄기인 면직원의 짓누르는 독촉에
우리는 갈대를 베어나갔다 동학의 기운은 이미 없어지고

바로 내 눈앞에 알을 품고 있는 오리 한 마리
순간 나의 눈과 눈이 딱 마주쳤다
작은 눈동자 속에 보이는 간 떨어지는 소리
심장 팔딱거림과 애원과 놀람이 쩍 금가고
번개와 우레와 포기와 실오라기 같은
희망과 알 수 없는 기대가
초음속으로 스쳐 지나갔다

나는 모른 척 못 본 척 낫을 돌려 들고
옆으로 이동했다

목화

유치원 화단 백일홍 뒤쪽에 심어진 목화 한 그루
하얗게 부풀어 오른 송이에서
미영 잣던 저녁이 목화 구름으로 피어난다

할무니가 물레 돌려 미영 잣는 저녁
할무니 물팍에 누워 있으면

적삼을 슬며시 빠져나와 한가하게 늘어진
왼쪽 젖꼭지가 내 이마팍을 가지고 놀고
흰 구름이 스쳐 가며 낮잠을 만들어 주듯
미영 고치가 볼 위로 기어가는 간지럼에
눈꺼풀이 나도 모르게 스르르 내려와
백지장으로 덮은 만큼 눈이 감기면
미영 꽃에 날아다니던 벌 소리들이
꿈으로 따라와 가락 끝에서 붕붕거린다
할무니의 흥그릉타령도 흰 꽃으로 피어나

밭 가득 미영 꽃이 피면 할 일 있는 듯
밭둑을 걸어 다니다 누가 볼세라 슬쩍

다래를 따 묵기도 하지만
다래를 묵으면 문둥이 된다는
어른들 말이 겁나게 무서워, 그래도
작고 보드라운 달착지근한 맛에 딱 한두 개

미영은 꽃이 두 번 피었어요
흰 꽃 붉은 꽃 노란 꽃이 피어도
둥그런 다래는 모두가 초록색
다래가 익으면 미영 송이 하얀 목화가 피어요
날마다 걷어드린 하얀 목화를 모아
씨아시 솜틀 방앗간에서 구름으로 부풀려
한 보퉁이 뭉게구름을 이고 와
풀어놓으면 흰 구름 덩어리로 가득 찬 방

수숫대 곧은 모가지 잘라 말린 비빔대로
살포시 걷어 올린 구름을
넓은 떡 도마에 살살 비벼 굴려서 쌓으면
설날 가래떡으로 쌓이는 미영 고치 노적
〈

방 아랫목 문 쪽 귀퉁이에 놓인 물레 돌려
할무니는 미영을 자았어요
통통한 고치가 가는 실이 되어 타령조로 가락에 감기는
실꾸리 마술을 보다가 나는
초꼬지 불처럼 가물가물 잠이 들고
새 옷을 입고 뛰노는 꿈을 꾸다 잠이 깨면
바구리 가득 실 댕이가
상촌 반 진사댁 회갑상에 놓인 떡처럼 쌓여 있고

개두

'관자' 하나 남아 있다
이울거지로 모든 게 가고
이름 하나를 위해서 살아온 한 삶이
저며져서 새겨져서 낮은 대垈 위에
비문처럼 가지런히 놓여 있다
나는 소주를 따른다

젖꼭지라 불리던 그 줄 관자
질기게 붙잡고 살던 줄이
찬사를 받고 있다

털끝이라도 다칠세라 날카로운 입술로
다가들면 긁고 베고
진뻘로 가늠된 것만 간직하고
날려 보낸 수많은 가벼운 것들
몸통도 가솔도 거추장스러운 헛것이었고
오직 줄 하나 덧입히고 덧입혀 만든

얇게 저며 곱게 펴놓은 면을 본다

맑고 하얀 저 단면 속에는 얼마나 많은
물결 같은 음모와 계략과 서릿발과 가려진 호탕한 웃음이
박혀서 저리 단단하고 쫄깃쫄깃한 밥상이 되었을까

그 이름 하나 입에 넣고 질김을 씹어보면서

바위

산비탈에 붙어사는 바위는
항상 올라가고 싶어 한다
굴러 내릴 수밖에 없는 속성을 잊기 위해

머리를 위로 쳐들고 있는 것을 보면 알 수 있다

가끔은 우렁우렁 우는 소리를 밤중도 한밤중에
들은 사람이 더러 있다고도 하지만
눈물은 뜨거운 눈물은 속으로 삭였는지
차디찬 주먹으로 쓱 훔쳤는지

나는 아직 바위의 눈물을 본 적이 없다

말랑말랑한 감정이라고는 독바늘 끝으로 쑤셔도
반응이 없을 것으로 보여도
나이 먹은 사내가 누가 볼까 봐
등 돌려 울듯 등을 돌리고 있는 것을 보면
지금도 속으로는 눈물 그렁그렁 울고 있는지도 모른다
왜냐하면
이웃집 오리나무에 살던 진딧물 수놈 하나가 젊은 나이에

무당벌레에게 물려갔다는 얘기를 들었거나
옆집 억새 잎에 붙어살던 메뚜기 한 마리가
알 낳아두고 날아가 버렸다는 소리를
솔잎 스친 바람이 귀에 손대고 귀 띔 해주지 않았을까
짐작이 가기 때문이다

한여름 메마른 매미 울음 같은 갈증이
등줄기를 달굴 때는 시원한 막걸리 마시듯
소나기라도 꿀꺽꿀꺽 마시고 싶었을 때도 있었으리라

머리에 초록 이끼 가발을 쓰고
석이버섯 무늬 놓아진 짧은 옷을 입고
산 아래로 내려가 냇물이나 바닷물에
발 담그고 싶었을 때도 때로는 있었으리라

그래도 어험!
헛기침 한 번으로 모든 생각을 누르고 앉아 있는
저 바위의 단단한 체면은
할아버지가 입고 계셨던 도포의 빛깔

돌미역

돌미역은 바위의 지느러미다
돌의 신경이 이어져 있고
단단한 피가 흘러
마르면 바다가 새겨진 수석이 된다

저 수석을 들여다보고 있으면
작은 파도의 스크럼에도 휩쓸렸을 법한
연초록 연약한 어린 시절이 보이지만
그 어떤 태풍이나 해일에도 휩쓸리지 않은 것은
휩쓸려 본 역사가 단 한 번도 없는 족보를 가졌을
바위의 등에 뿌리를 내린 근본이 느껴진다

바위의 심장이 보내는 소리를 들으려
귀가 있어 미역은 지느러미가 되고
바위가 헤엄쳐가고 싶은 꿈의 방향으로
흐느적흐느적 노를 저어도 주었으리라

가끔은 위급상황에 처한
멸치나 작은 새우를 겨드랑이나 옷깃으로 가리고

단청을 부리기도 했으며
상어가 지나갈 때는 슬그머니 비켜서 있기도 했으리라

양수를 빠져나온 갓난아기가
으앙, 첫울음을 터뜨리면
딱딱했던 몸이 떨려오고
연어가 먼 대양을 돌아 회귀하듯
물로 돌아와 몸을 풀 것이다

어머니는 날 낳고 귀 달린 돌미역을 끓이셨다 했고
나는 내 아이를 낳으면 귀 달린 돌미역을 끓일 것이다

코골이

아침에 일어나 이불을 개는데
"두 동상들 뭔 코를 그렇코롬 고는가
코를 어찌나 고는지 잠을 한숨도 못 잤구만"
큰형님이 입이 찢어질 듯 하품을 한다
작은형님이 웃으면서
"나는 형님과 동생 코 고는 통에 잠을 못 잤는데요,
양옆에서 어찌나 코를 골아대는지"
하며 눈을 비빈다
나는 코를 곤 기억이 없는데
어제저녁 제사 모시고 술 한 잔씩 하고
늦게 자서 잠 깰 일이 없었는데
두 형님들 기차 화통 삶아 먹는 소리에
나 역시 잠을 못 잤는데
그래도 자긴 잔 것이지
잠에도 산봉우리와 골짜기가 있는 것인가
말도 못 하고 그냥 속으로 웃고 만다

5부

곰보배추

볼품없다고 생각했는데

우연히
만난 뒤
오래 사귀다 보니

이제는
떨어지면 못 살 것 같다

이제야 알겠네
너는
겉모양보다 심성이 고왔다는 것을

장독대

장구슬 품으려고
부른 배 부여안고
땀을 비질비질 흘리는 장독대

장구슬 같은 아이 품은
임신한 형수가
땀을 비질비질 흘리며
장독을 닦고 있다

마디마디 흐드러진
봉숭아 열매가
곧 톡 하고 튕겨질 것 같다
비칠 듯 맑아진 걸 보니

마스크

풀만 뜯어 먹고 길가의
남의 곡식 뜯어 먹지 말아라
소 주둥이에 망태기를 씌웠다

주인 뒤따라 갈 길만 가고
이웃집 병아리 한 마리도 물지 말아라
개 주둥이에 주머니를 덮어씌웠다

노루귀

땅속에 누운 노루가
낙엽을 덮고 있던 노루가

귀를 쫑긋 세운다
고로쇠 물 오르는 소리에
생강나무꽃 피는 소리에
봄나물 캐러 온 여인의
묵은 잎 밟는 발걸음 소리에

봄나물 캐던
산골 여인
할 일 잊고 쪼그려 앉아
한참을 들여다보고 있다

보랏빛 귀속에
여인의 숨소리 들리는가
귀를 한 번 흔들어 털고
다시 귀를 쫑긋 세운다

봄 산을 봄

아이를 데려다주고 나오는데
유치원 문 앞의 사철나무
연두다, 보드라운 손을 내민다
가만히 한 번 쓰다듬어 본다

먼 산을 바라본다
연두들이 옹알옹알하고 있다

청록의 꿈이 피어오르는
골짜기를 품고 있는 기슭

힘차게 뻗어 올라가고 있는
봄 산을 바라보는 것이
이렇게 큰, 눈 호강일 줄이야

아이가 그린 집

연필에 침 묻혀
서툰 글씨를 쓰다가
밑에다 조그만 집
하나 그린다

나는 지금까지
진한 먹이나 볼펜으로
큰 집을 그렸었는데
그리다 말고 그리다 말고
자꾸만 그리다 말았는데

아이가 그린 집은 작아도
위에 글씨는 별 밭 같고
아래 남은 여백은
달빛 고운 호수다

흐느낌

비 오는 날 무연히 가슴이 젖는 것은
구름 속 골짜기 어디쯤
무릎 쪼그리고 허리 구부려 앉아
어깨 들먹이고 있을 영혼이 있기 때문

사랑

가슴에서 가슴으로
전해오는
따스하고 포근한 기운

이것이 사랑이라는 걸
나 이제야 알았네

예쁜 여인을 만났을 때
뜨겁게 달아오르던 마음도

아름다운 여인과 함께
죽고 못 살았던 날들도
사랑이 아니라고 말할 수는 없겠지만

쥐똥나무 되지 않으려

저 집에는
백목련과 후박과 장미가
살고 있어요

백목련은
백목련다운
고결함을 잃지 않으려
항상 옷매무새를 살피고

후박은
후박다운
덕을 잃지 않으려
항상 마음을 닦고

장미는
장미다운
향기를 잃지 않으려
항상 바람을 경계하고

등 목욕

멀리
그려진 풍경을
바라본다

열두 폭 펼쳐놓은
병풍 속 칠팔월

웃통 벗고
팔 짚어 엎드린 등에
시냇물 끼얹고 있는
수건 쓴 아낙
수건 속에 밭일이 묻어 있다

망원경으로 보아도 보이지 않을 거리
너무 멀리
지나와 버린 옛날이 금방인 듯

함박눈

눈이 온다
후보의 공약처럼
후보의 인사처럼
펑펑 쏟아진다
푸짐하다 포근하다
추운 세상을 따뜻하게
다 덮어줄 것 같이

함박눈이 쏟아진다
저 눈이 녹으면
얼마나 질척거릴지
얼마나 지저분할지
내 바짓가랑이가 젖을지
알면서도 너무나
잘 알면서도

눈을 향해
손을 높이 쳐들고
환호를 한다

숲으로 가는 요양병원

이승과 저승 사이 간이역
배차시간표도 없는 역을
그냥 오가는 듯 차는 멈추지 않고
어스름을 남기고 어스름을 향해 달려가고

대합실 낡은 의자에 무료하게
앉아 있거나 누워 있거나
시간표도 없는 무임승차권을
딱 한 장씩 받아 속주머니에 간직한 사람들이

살아도 살아 있지 않은
사람들이 살아서
들어도 듣지 못하는 말을
들으려 귀를 세우고
보아도 보지 못하는 모습을
보려고 눈을 비빈다

반 평 침상 위의 살아 있는 무덤들
잔디마당 한 평 저택의 죽은 주인이 되려고
자신도 모르는 찰나를 엿보고 있지는 않습니까

귀향

보리밥 먹기 싫어서
나뭇지게 지기 싫어서
좀 더 편하게 살 수 있을까 봐
아니지 아니야
지식들은 지게꾼 되지 말라고
펜대 잡고 살라고
떠나왔는데

차표 끊는데 하루를 기다려도
기차 타고 가는데 하루가 저물었어도
애써 찾아갔던 고향인데
지금은 세 시간이면 갈 수 있는데
갈 수가 없구나 가지 않아지는구나

부모님 돌아가신 지 이미 오래
고향 지키던 친척들도 떠나가고
얼굴들 바뀌고 낯설은 사람들
한 집 건너 한 집이 빈집
찾아들 곳 없는 낯선 사립문
뒷산 산소만 외로이 둘러보고 오는 길
산새도 오늘은 울지 않았다

잡초 무덤

산골짜기 작은 밭 다랑이가
무릎 쪼그려 앉아 있다
뽑아도 뽑아도 끝이 없는
바랭이 쇠비름 달개비
질기도록 애써 살아온 것들의
한 생을 가슴에 무덤으로 만들고 있다
무릎 펴지 못하고 팔 짚고 일어서는
쇠비름 바랭이 달개비
애써 꺾어 누르며
다독다독 무덤을 만들고 있다

산정호수

사랑 이야기란다
세상에서 가장 재미있는 이야기는

천년 늙은 소나무도 궁금하여 엎드려 엿듣는

나무 등에 살며시 궁둥이 디밀어 앉아
들여다보는 물속은 문창호지 속 첫날밤

선녀들의 마을이 있을 것만 같아
신선들의 마을이 있을 것만 같아

어떤 나이 어린 선녀가
어떤 나이 어린 신선이
마을 뒷골목 길 배꽃이 흐드러진

수정보다 맑은 마음을 주고받다가
서로의 마음에 옥빛으로 스며들어서

폐가

사랑하는 사람이 떠나가면
허물어지기 시작하네
잡초가 자라고 수염이 자라고
빗물도 눈물도 안으로 스며들어
벽지도 마음도 얼룩지고 찢기고
서까래 갈비뼈 썩어 내리고
한 생이 속절없이 스러지고 말아
사랑하는 사람이 떠나가면

하구에서 주어 든 수석

추억이 되지 못한 후회들이
아가리 벌리고 서 있는
저물녘 하구에 들어서면

모든 것들이 내가 내 발등 찍을
돌멩이들이었으나
난 그걸 수석으로 알았으니

이제야 알았네
후회 없는 인생이 어디 있을까만은
내 후회만 후회인 것 같은 것을

지금 주어 든 돌멩이도
수석이라 생각하지만
내일 보면 내 발등 찍을
잡석 하나일지?

삼례역

이 역은
왠지 살결이
고울 것 같다

검은 머리 치렁치렁 늘어뜨린
큰 누나가
언덕 아랫길로
마중 나올 것 같고

셋째 누나가
자지러지게 웃음 웃으며 함께 오듯
꽃들이 만발하고

이 역은
급행이라도
한 30분 정차했으면
좋을 것 같은

밤송이

밤송이
온산에 밤송이

속에 알밤 들어 있는 줄
모르고

경계하거나 피해 다녔으니

아버지의 흰 고무신

댓돌 위에 놓인 아버지의 하얀 고무신
햇살 아래 나란히 놓인 어머니의 꽃신

아버지가 사다 주신 다디단 사탕
벽에 걸려 있는 가족들 웃는 사진

아버지의 심부름으로 막걸리 사 오면서
주전자 술을 몰래 마시던

그런 게 나에겐 없었어요
한쪽 허물어진 그늘진 우리 집 토방에는
흙 묻은 15문 반 여자 검정 고무신
그거 하나밖에요

달맞이꽃 기름

달이 떠오른다
달맞이꽃이 피고

달이 떠오른다
달맞이꽃이 피고

온밤을 그렇게 지내다
온밤을 그렇게 지내다

잉태한 씨앗을 따다가
기름 짜서
제삿날 불 켜면
찾아온 혼을 볼 수 있다고

보성 사는 둘째 고모는,

나팔꽃

내 인생에 멈춤은 없다
올라가는 길이 있을 뿐이다
마디마디 꽃을 달지 못해도
마디마디 열매를 달지 못해도
오를 때마다 새롭게 펼쳐지는
눈앞의 비경

잉어 (정하선 2022)